OBSÈQUES

DE

Madame Isaure - Alphonsine de PERCY,

Comtesse H. de la FERRIÈRE,

ORAISON FUNÈBRE

Prononcée en l'église de Ronfeugeray,

Le vendredi 29 novembre 1861,

Par M. l'abbé E. LAURENT,
Chanoine honoraire de Bayeux,
Curé de Saint-Martin de Condé-sur-Noireau.

ARGENTAN
IMPRIMERIE DE BARBIER
— 1861 —

Depuis plusieurs jours, il est impossible de douter du deuil cruel qui vient de frapper la famille de Mme la comtesse de la Ferrière-Percy, et il ne nous reste malheureusement qu'à confirmer la douloureuse nouvelle de sa mort. Toutefois, ce n'est pas à Montpellier, comme nous l'avons annoncé, que son trépas a eu lieu, c'est à Amélie-les-Bains.

Mme de la Ferrière a succombé, à une heure du matin, le vendredi 15 novembre, à l'âge de 38 ans.

Sa dépouille mortelle a été rapportée à Ronfeugeray, où un service a été célébré le 22 novembre. Cette triste cérémonie a réuni toutes les personnes les plus considérables du pays, un nombreux clergé et toutes les populations environnantes.

Selon le désir exprimé par Mme de la Ferrière d'être enterrée provisoirement à Flers, en attendant qu'un caveau soit construit à Ronfeugeray, le convoi funèbre s'est acheminé vers Flers aussitôt après le service. Pendant tout le parcours, une foule innombrable s'est pressée autour du cortége, malgré une pluie assez abondante et la longueur du trajet. Outre l'empressement des populations, il faut signaler encore leur attitude respectueuse, recueillie et attristée, témoignages éloquents de la considération et des profondes sympathies de toute la contrée pour Mme de la Ferrière. On pourrait même ajouter, croyons-nous, qu'une aussi cordiale manifestation honore autant ceux de qui elle émane que la mémoire même de la regrettable défunte.

Le Conseil municipal de Flers s'était rendu jusqu'à Ronfeugeray pour le service, ainsi que M. le curé de Flers, qui a officié.

Le deuil était conduit par M. le comte Hector de la Ferrière-Percy; par M. le comte César de la Ferrière, chambellan de l'Empereur, son frère; par M. Henri de la Ferrière, son neveu; et par M. le baron Raoul de Chaulieu, ancien député, également membre de la famille.

Les cordons du poële étaient tenus par M. le marquis de Frotté, M. le baron de Saint-Sauveur, M. de Banville, M. Achard des Hautes-Noës et M. Léon de la Sicotière, membre du Conseil général de l'Orne.

M. le Maire de Flers a prononcé sur le bord de la tombe quelques paroles touchantes et qui ont fait une profonde impression.

M. le comte César de la Ferrière a remercié ensuite le corps municipal de Flers du concours empressé qu'il a donné aux obsèques.

Par son testament, Mme de la Ferrière a fait un legs considérable aux établissements charitables de la ville de Flers.

Mme de la Ferrière, née Isaure de Percy, avait épousé M. le comte Hector de la Ferrière en 1843. Elle est morte sans postérité. Elle était l'enfant unique de M. le comte François-Ambroise de Percy, décédé en 1845, et de Mme la comtesse de Percy, née de Cheux de Saint-Clair, qui habite le château de Saint-Clair, près Vire.

Comme nous l'avons déjà dit, la descendance normande de l'historique famille de Percy s'éteint en Mme de la Ferrière.

Nos annales ont conservé le nom de Geoffroi de Percy, venu en Normandie avec Rollon. A l'époque de la conquête, nous trouvons un de Percy qui reste en France et continue la filiation de la branche mère, et Guillaume de Percy, le compagnon du Conquérant, qui devient le chef de la branche anglaise. — Au XIIIe siècle, Raoul de Percy donne naissance à la branche qui combla de bienfaits l'abbaye de Mondaye, où elle avait sa sépulture. — En 1598, Pierre de Percy établit l'antiquité de sa noblesse, comme un de ces ancêtres l'avait fait déjà en 1463, lors de la recherche de Montfaut. Pierre de Percy laisse trois fils : André, Louis et Claude. La branche d'André s'éteint bientôt ; celle de Louis s'est éteinte en la personne de M. le comte de Percy, père de Mme de la Ferrière. Les descendants de Claude de Percy s'établissent en Bourgogne.

Il y a près d'un siècle, la famille des Percy, ducs de Northumberland, renoua, avec la famille française, une correspondance interrompue depuis un grand nombre d'années.

A part l'antiquité de sa noblesse, la distinction de son alliance et l'extinction même d'une descendance illustre, il était facile de concevoir que Mme de la Ferrière, en mourant, éveillerait bien des regrets. A quelque point de vue, en effet, qu'on la considérât, quant aux dons du cœur et aux dons de l'esprit, quant aux perfections que le monde envie et aux vertus que Dieu inspire et récompense, — il était difficile d'imaginer un plus puissant mobile d'admiration et de sympathie. Puis, une mort prématurée, un époux frappé dans sa plus chère affection, une mère, si vénérable, qui se voit ravir son unique enfant, sont de telles causes d'affliction, qu'il est impossible de les contempler de sang-froid, de même qu'il faut, pour les supporter, toute l'ardeur de la foi chrétienne, qui sanctifie les douleurs et fait survivre aux cruelles séparations de la tombe les douceurs d'une céleste espérance.

(Extrait du journal L'Ordre et la Liberté, de Caen.)

Nous avons annoncé dans notre dernier numéro la mort de Mme la comtesse de la Ferrière. Morte loin de son pays, sous un climat où elle espérait rétablir sa santé depuis longtemps altérée, elle a manifesté le désir de reposer momentanément à Flers, sa patrie d'adoption. Il est des paroles qui à la dernière heure résument quelquefois toute une vie. Au milieu des étreintes de la mort, sa dernière pensée a été une pensée de charité : elle a donné presque toute sa fortune aux établissements charitables de la ville de Flers. Dieu nous garde de parler de chiffres sur une tombe à peine fermée ! Néanmoins nous pouvons affirmer que la part des pauvres a été faite large et abondante, telle qu'il convenait à cette noble femme, qui n'a recueilli que des bénédictions de son vivant et des larmes après sa mort.

Elle a reposé plusieurs jours à Ronfeugeray, sa résidence chérie : une foule nombreuse et religieusement impressionnée a prié autour du cercueil de celle qui fut longtemps la Providence de sa paroisse.

Vendredi dernier, les restes de Mme la comtesse de la Ferrière sont arrivés dans notre ville. Le Conseil municipal, précédé de son honorable Maire, la Chambre consultative, le Conseil de prud'hommes, la Société de Sainte-Cécile, la Société de secours mutuels, sont accourus pour rendre hommage à cette morte aimée. Nous l'avons conduite au champ du repos, par un temps froid et pluvieux de novembre, un véritable temps de deuil. La foule était grande, bien des larmes mouillaient les yeux. La cérémonie religieuse était digne de la noble défunte et de la ville qu'elle a dotée si généreusement. Les cordons du poêle ont été tenus par M. le baron de Chaulieu, ancien député à l'Assemblée législative ; M. Léon de la Sicotière, avocat, membre du Conseil général de l'Orne ; M. Achard des Hautes-Noës, M. le baron de Saint-Sauveur, M. le marquis de Frotté, et M. de Banville. M. Toussaint a prononcé sur la fosse entr'ouverte un éloge funèbre que nous sommes heureux de reproduire plus bas. Ce dernier adieu, adressé par notre honorable magistrat, au nom de toute la ville de Flers, était digne de l'ange de charité, de la fée bienfaisante dont toute la vie fut une série de bonnes œuvres et la dernière parole une bonne action. A la sortie du cimetière, le frère de M. le comte de la Ferrière, chambellan de l'Empereur, n'a pu s'empêcher de remercier d'une voix émue la foule qui venait de donner un éclatant témoignage d'amitié à sa famille. Oui, Flers gardéra un vivant souvenir de sa noble bienfaitrice, car Flers a la mémoire du cœur. Au sein de nos classes laborieuses, le nom de Mme la comtesse de la Ferrière sera répété dans l'avenir avec respect et vénération, comme dans les vieilles légendes on répète le nom des bonnes fées qui ont véritablement existé, mais sous un nom que l'imagination a recouvert d'un voile poétique et mystérieux.

Discours de M. le Maire.

La mort vient de frapper, au milieu de sa carrière, la noble femme dont l'âme s'est envolée près de son Créateur pour recevoir la récompense de ses vertus, et dont nous venons de confier à la terre les restes mortels.

Environnée de toutes les jouissances que lui assurait sa haute position dans le monde, douée de tous les dons de la nature, Madame la comtesse de la Ferrière vient d'être enlevée à l'amour d'un époux désolé, à l'affection d'une population qui recueillait tous les jours les bienfaits de son inépuisable charité chrétienne. Pour un cœur si noble, la bienfaisance était la vertu par excellence, le bonheur de ses semblables sa continuelle préoccupation : fonder des écoles, soigner les malades, consoler les affligés, voilà les plaisirs qui remplaçaient pour elle les plaisirs mondains. Et, lorsque l'inexorable mort l'avait déjà frappée du bout de sa faux, au milieu des plus vives souffrances, elle se préoccupait du bien qu'elle pourrait faire après sa mort ; que dis-je, même, sa dernière pensée était toute de bienfaisance pour la ville de Flers, à laquelle elle avait donné toute son affection !

Aussi quelle foule se presse autour de cette tombe qui vient de se refermer ! C'est qu'il ne s'agit pas pour nous d'une cérémonie ordinaire, c'est que nous venons de déposer dans sa dernière demeure celle qui pour nous sera toujours comme une bonne mère qui a voulu continuer, après sa mort, l'œuvre de toute sa vie : assurer à ceux qui souffrent les secours qu'elle leur distribuait avec tant de bienveillance !

Déposons donc sur sa tombe l'expression de notre reconnaissance ; joignons nos larmes à celles de son malheureux époux, et réunissons nos voix pour un pénible et dernier adieu :

Adieu, noble cœur ! Adieu, notre bienfaitrice !

Adieu, Madame, adieu !

(Extrait du Journal de Flers, *du 27 novembre 1861.)*

Oraison funèbre

DE

Madame ISAURE - ALPHONSINE DE PERCY,
Comtesse H. DE LA FERRIÈRE,

Prononcée en l'église de Ronfeugeray, le vendredi 29 novembre
1861,

Par M. l'abbé E. LAURENT,

Chanoine honoraire de Bayeux, curé de Saint-Martin
de Condé-sur-Noireau.

> *Erat hæc in omnibus famosissima, quoniam timebat Dominum valdè.*
>
> Elle était connue et vénérée de tous parce qu'elle avait une grande crainte du Seigneur. (Judith, VIII, 8.)

Quand on voit se presser autour d'un cercueil, recueillie et profondément émue, une foule immense de tout rang, de toute condition, les chefs et les hommes considérables de la cité, les plus illustres représentants de la noblesse, de l'industrie, du négoce, les agriculteurs, les artisans, les ouvriers, les riches et les pauvres, les pauvres surtout, que l'on reconnaît à l'expression plus vive de leur douleur, on peut dire avec assurance que la mort vient de plonger dans le deuil non-seulement une famille, non-seulement une paroisse, mais une contrée tout entière.

N'est-ce pas là, Mes Frères, le touchant spectacle qu'offrit à vos regards la cérémonie funèbre qui vous rassemblait, il y a huit jours, dans cette enceinte? Vit-on jamais concours plus nombreux, tristesse plus profonde, regrets plus unanimes? Il n'y a qu'un mot, en telle circonstance, qui puisse exprimer fidèlement notre pensée : c'était véritablement un deuil public.

Mes Frères, pour vous rendre compte de cet empressement général et sympathique aux funérailles de Madame de la Ferrière, vous vous êtes sans doute rappelé les qualités éminentes dont elle fut ornée : l'élévation, la vivacité, la justesse de son esprit ; la modestie, la simplicité, la bonté inexprimable de son cœur ; vous vous êtes rappelé tant de bonnes œuvres, tant d'actes de dévoûment, tant de charité et d'affection pour tous ceux qu'elle pouvait secourir... Mes Frères, la Sainte Écriture nous révèle une autre cause, une cause moins apparente, mais plus réelle, des regrets pleins de vénération qui entourent la mémoire de notre noble défunte ; c'est qu'elle fut toujours inspirée par une grande crainte du Seigneur, et que sa vie fût une vie essentiellement religieuse ; *Erat hæc in omnibus famosissima, quoniam timebat Dominum valdè.*

Voilà, Mes Frères, la première et en quelque sorte la seule réflexion qui vient s'offrir à notre esprit au milieu de cette pompe funèbre. Non, nous ne voudrions pas suspendre l'offrande du Sacrifice pour venir consoler votre douleur par des éloges qui ne feraient qu'accroître vos regrets et que désavouerait celle qui en serait l'objet. Nous désirons seulement, en présence du saint autel, en face de ce mausolée, recueillir, pour votre salut et pour le nôtre, l'instructive leçon qui nous est donnée : c'est-à-dire que, pour les âmes généreuses, la crainte du Seigneur est le principe des grandes vertus et des inspirations fécondes. Il nous sera facile, Mes Frères, de vous en offrir une nouvelle et bien touchante preuve en vous racontant brièvement quelques traits de la vie si sincèrement chrétienne de très-noble et très-vénérée Dame Isaure-Alphonsine de PERCY, Comtesse de la FERRIÈRE.

En parcourant les Saintes Ecritures pour trouver quelques consolantes pensées à vous offrir dans cette douloureuse circonstance, nous avons été singulièrement frappé du passage où l'auteur des Proverbes trace le portrait de la femme religieuse, de la femme ferme dans sa foi. Le prophète semble sortir de son calme habituel pour la célébrer. « Quel rare trésor dans une famille ! s'écrie-t-il. « Elle répand autour d'elle la paix et le bonheur. Sa « vie est active et dévouée, et sa lampe ne s'éteint jamais. Elle « ouvre ses mains à l'indigent et les étend pour secourir le « pauvre. Son époux, qui met en elle toute sa confiance, est « honoré au milieu du peuple et prend place avec les sages de la « terre. La force et la beauté sont sa parure, et elle verra arriver « son dernier jour avec un visage riant ; aussi tous ceux qui la « connaissent se réunissent pour célébrer ses louanges... » Mes Frères, vous venez d'entendre les paroles mêmes du prophète ; et il ajoute ensuite, comme la conclusion naturelle de son discours et le dernier trait de son tableau : « Oui, les grâces sont « trompeuses, la beauté est vaine ; la femme qui craint Dieu « mérite seule d'être louée. Laissez-la donc jouir en silence du « fruit de ses vertus, et que ses œuvres fassent son éloge dans « les assemblées publiques : *Laudent eam in portis opera ejus* (1). »

Mes frères, n'avez-vous pas reconnu dans ce passage des Proverbes le portrait de la noble dame que vous regrettez si amère-

____

(1) *Lib. Prov.*, xxxi, 10 et suiv.

ment? Nous avions donc raison de vous dire qu'il ne convenait pas de chercher à relever par des louanges l'éclat de son mérite; comme la femme forte des Livres Saints, notre pieuse défunte ne doit être célébrée dans l'assemblée des fidèles que par le simple récit de ses œuvres. *Laudent eam in portis opera ejus.*

Assurément, Mes Frères, l'illustration de la naissance n'est pas un titre dont on doive se prévaloir aux yeux de Dieu. Nous savons que tous les hommes sont frères, tous enfants d'Adam et héritiers des mêmes promesses; mais nous savons aussi que la noblesse du sang conserve habituellement dans les races illustres la tradition des sentiments élevés et des grandes inspirations. Qui ne connaît la haute et légitime influence qu'exerce l'aristocratie sur les mœurs publiques et sur les institutions sociales dans un Etat voisin, où cependant la liberté humaine inspire à tous un respect si dévoué et si jaloux? C'est dans ce royaume de la Grande-Bretagne que se distingue encore aujourd'hui, entre les plus anciennes familles, une branche de cette antique souche dont Madame de la Ferrière devait être parmi nous le dernier rejeton. Remontant sans interruption aux premiers ducs de Normandie, la maison des Percy, depuis plus de huit siècles, a soutenu constamment l'éclat de son nom par les talents, les vertus, le patriotisme de ses membres. Tout le monde sait qu'un descendant des Percy, compagnon de Guillaume dans la conquête d'Angleterre, et créé par lui duc de Northumberland, devint le chef de cette puissante maison, qui occupe une si grande place dans l'histoire de l'Angleterre.

Madame de la Ferrière était la fille unique de Monsieur François-Ambroise, dernier comte de Percy; et sans doute la Providence avait placé son berceau au sein de cette illustre et chrétienne famille pour qu'elle y trouvât de grands exemples de vertus, mais aussi pour que l'éclat du nom rendît plus édifiants les exemples qu'elle devait elle-même donner aux autres durant sa trop courte existence.

Elevée sous l'œil d'une mère religieuse et dévouée, la jeune Isaure de Percy annonça, dès l'âge le plus tendre, ces qualités éminentes de cœur et d'esprit qui devaient plus tard lui concilier la respectueuse estime et la sincère vénération de toutes les personnes qui la connurent. Elle reçut à Paris une éducation brillante et forte, plus forte même que celle qui est donnée habituellement aux jeunes filles de la plus haute classe. Elle fut initiée par un maître habile aux principes de la langue latine, et se livra, sous la même direction, à une étude sérieuse de la philosophie, de l'histoire littéraire et des langues modernes, dont les principales lui devinrent familières (1). Elle acquit ainsi de bonne heure ces connaissances solides et variées dont elle savait faire en toute circonstance un emploi si opportun et si discret. Mais ajoutons que ni l'étude ni la science n'altérèrent en rien la fraîcheur de son imagination, toujours riante, toujours naïve, toujours ouverte aux plus suaves inspirations de la poésie. Déjà la jeune fille laissait pressentir ce que serait un jour la noble dame que vous avez connue, si éclairée et si modeste, si vive et si réservée, si sérieuse tour à tour et si expansive, mais surtout si profondément religieuse, et si simple, si naturelle dans sa piété.

Toutes ces belles qualités, dont l'assemblage est si rare, attirèrent vers Mademoiselle de Percy le cœur d'un noble jeune homme, digne, sous tous les rapports, d'unir son existence à celle de la noble jeune fille. Mes Frères, vous n'attendez pas de nous l'éloge de l'époux préféré ; vous le connaissez tous. Vous savez quels souvenirs de distinction, de loyauté, de dévoûment, son nom reveille dans cette paroisse, dans ce canton, dans toute la contrée. Nous ne pourrions donc rien vous apprendre, même en vous parlant de ces qualités plus intimes, plus personnelles, en quelque sorte, qu'il nous a été permis d'apprécier dans les épanchements d'une honorable amitié. La circonstance nous permet seulement d'ajouter un mot : c'est que les jeunes époux étaient dignes l'un de l'autre, et qu'aucun nuage n'eût jamais troublé leur union si la mort n'était venue la briser d'une manière si imprévue et si cruelle.

Madame de la Ferrière, dans la vie du mariage, se montra telle qu'avait dû la préparer son éducation, et surtout les conseils et les exemples de son excellente mère. Quel discernement, quelle régularité, et en même temps quelle modération et quelle douceur dans le gouvernement de sa maison ! Quel esprit d'ordre et de prévoyance dans les détails domestiques ; mais aussi quelle bonté, quelle prévenance, quelle simplicité naturelle et digne avec ceux qui l'entouraient ! Elle accueillait avec le plus affectueux dévoûment, sans jamais se plaindre d'être importunée, toutes les personnes, et principalement les pauvres, qui avaient recours à elle. La bonne Dame les conseillait dans leurs embarras, les encourageait dans leurs efforts, les consolait dans leurs peines, les assistait largement dans leurs besoins.

Souvent aussi elle voulait se rendre compte par elle-même de leurs souffrances et de leur dénûment. Combien de fois, familles indigentes, ne l'avez-vous pas vue venir vous visiter dans vos

____

(1) Outre le latin, Madame de la Ferrière savait l'anglais, l'italien et l'espagnol.

modestes demeures, s'informant avec un sincère intérêt de la santé de vos enfants, des succès de vos travaux, de l'état de vos petites affaires! Comme son cœur s'affligeait vivement de vos peines et de vos inquiétudes! Comme elle était heureuse quand elle pouvait vous être utile par ses conseils et ses encouragements! Nous pouvons le dire, Mes Frères, en nous faisant l'écho de votre pensée, Madame de la Ferrière était devenue pour cette paroisse plus qu'une protectrice; elle était pour tous une seconde Providence. Les habitants de Ronfeugeray, riches et pauvres, la chérissaient comme une mère, la vénéraient comme une sainte. N'avez-vous pas vu, il y a huit jours, cette bonne population, attendrie, éplorée, se presser en foule autour du cercueil de la défunte, accablée de la perte irréparable qui venait de la frapper? Nous vous l'avons dit déjà sans aucune exagération, c'était véritablement pour toute la paroisse un deuil de famille.

Empressée à secourir toutes les misères, à subvenir, autant qu'elle le pouvait, à tous les besoins, Madame de la Ferrière portait un intérêt particulier à l'éducation de l'enfance. Elle savait que les impressions du premier âge sont durables et souvent décisives pour l'avenir; elle savait que les familles indigentes, dans les campagnes surtout, manquent fréquemment de ressources et de moyens pour donner à leurs enfants une instruction solide et chrétienne. Aussi, la noble Dame n'épargna aucun effort, aucun sacrifice, afin de procurer à cette paroisse de pieuses institutrices pour les jeunes filles.

Ici, Mes Frères, nous pouvons parler avec plus d'assurance, car nous avons eu l'honneur d'être nous-même en cette rencontre le confident de ses projets. La fondation de cette école était son œuvre chérie, son œuvre de prédilection. Quand sa santé, déjà affaiblie, lui permettait de se rendre en cette église pour satisfaire sa piété, Madame de la Ferrière ne manquait jamais de visiter ses bonnes religieuses et ses chères enfants. Elle aimait à présider elle-même à leurs petits exercices; avec une extrême douceur, elle leur apprenait à lire, ou bien elle dirigeait de ses nobles mains sur le papier leurs doigts encore novices. La pieuse Dame alors était heureuse; elle chérissait ces enfants, elle les caressait, elle les grondait tendrement. On eût dit qu'elle voulait épancher sur ces jeunes créatures les trésors d'affection maternelle que la divine Providence, toujours impénétrable dans ses vues, avait comme refoulés au fond de son cœur. Le jour où Madame de la Ferrière quitta Ronfeugeray pour n'y plus revenir, déjà accablée par la maladie, elle se fit transporter à son école pour voir, encourager, bénir encore une fois ces enfants qui lui étaient si chères.... Ce fut là, Mes Frères, n'en doutons pas, un des plus doux souvenirs qu'elle emporta de ce monde, et vous savez qu'elle a voulu, par ses dernières dispositions, assurer l'avenir de cet établissement. Etablissement précieux en effet, dont l'existence affermie perpétuera dans les cœurs des personnes reconnaissantes la mémoire bénie de la généreuse fondatrice!

Si elle s'occupait avec un tel dévoûment des œuvres de charité, la noble Dame ne négligeait pas pour cela les autres devoirs de sa condition; elle comprenait trop bien que la vraie piété, la piété éclairée et sincèrement chrétienne, doit savoir concilier en toute circonstance l'accomplissement des préceptes et même des conseils de l'Evangile avec les obligations diverses qu'impose la vie de famille et de société. Ainsi, elle prenait part avec une touchante sympathie à tous les desseins, à toutes les entreprises de son mari. Elle portait surtout un vif intérêt à ses travaux intellectuels, plus heureuse que lui-même des succès éclatants dont ils étaient couronnés. Ainsi encore, elle s'associait avec un goût exquis aux projets que Monsieur de la Ferrière avait conçus et en partie exécutés pour l'embellissement de leur habitation. Avons-nous besoin de vous dire combien, avec cette nature aimante et délicate, elle éprouvait, elle ressentait vivement les amertumes et les ennuis qui assaillent si souvent, vous le savez, dans leur vie publique. les hommes les plus intègres, les plus dévoués aux intérêts de leur pays ?

D'un autre côté, les amis, les connaissances de Monsieur de la Ferrière trouvaient toujours dans sa généreuse et douce compagne ces attentions, ces égards qui sont familiers aux personnes d'un rang élevé et d'une éducation supérieure. Nous l'avons vue nous-même, et ce souvenir est pour nous plein de charme, nous l'avons vue plusieurs fois, la noble et bienveillante châtelaine, offrir gracieusement l'hospitalité la plus empressée et la plus aimable aux nombreux visiteurs de Ronfeugeray. Son accueil, plein de prévenance et de naturel, laissait toujours la plus douce impression à ceux qui en avaient été l'objet.

Mes Frères, nous regrettons que le temps nous presse ; nous aurions encore tant de choses à vous dire, que nous sommes contraint d'abréger ou même d'omettre. Nous renonçons, par exemple, à vous entretenir de cette haute estime, de cette respectueuse sympathie que Madame de la Ferrière sut inspirer à toutes les familles, même les plus distinguées, qui eurent le bonheur de la connaître : — soit au sein de la ville de Vire, près de laquelle s'était écoulée son enfance, et où ses vertus ont laissé des souvenirs aussi touchants que durables ; — soit dans la cité voisine, dans cette bonne ville de Flers, qui avait si bien compris les hautes qualités et le sincère dévoûment de la noble maison de Ronfeugeray, et qui était digne assurément d'être l'objet d'une généreuse préférence (1), dont elle s'honore, du reste, encore plus qu'elle ne s'en réjouit ; — soit enfin au milieu de la capitale, où les plus illustres familles tenaient à honneur de recevoir Madame de la Ferrière, et où elle brillait entre les plus dignes par le charme si naturel et si aimable de sa personne aussi bien que par le doux attrait de ses vertus.

Nous voudrions en particulier pouvoir vous parler des rapports d'intime affection qui l'unissaient à une des femmes les plus célèbres et les plus recommandables en ce siècle par sa haute intelligence et sa grande piété. Madame de Swetchine n'estimait pas seulement la comtesse de la Ferrière ; elle l'aimait avec tendresse, elle lui donnait des conseils comme elle eût fait à sa propre fille, elle entretenait avec elle une correspondance fréquente et suivie.

Madame de la Ferrière, d'ailleurs, était connue et vénérée dans toute la société de Paris pour son zèle et sa charité. Jamais on ne lui faisait appel inutilement en faveur d'une bonne œuvre. Dès la première année de son mariage, elle s'associa à l'*Œuvre des pauvres malades*, et plus d'une mère infortunée lui fut redevable de pouvoir élever ses enfants et assurer leur avenir. Plus tard, elle devint dame patronesse de l'*Œuvre des jeunes aveugles*. Dans ces derniers temps, elle avait contribué très-activement à la fondation de l'*Œuvre des Campagnes*, dont elle était une des principales dignitaires. N'en soyez pas surpris : Madame de la Ferrière affectionnait par préférence les habitants de la campagne ; elle se plaisait avec eux, elle aimait à leur faire du bien ; et, au milieu des splendeurs de la vie parisienne, où les bienséances de la société la rappelaient chaque année, elle regrettait souvent les charmants ombrages, et surtout les bons habitants de Ronfeugeray.

Tant de vertus, tant de bonnes œuvres, avec l'éclat de la jeunesse et les apparences de la santé, semblaient vous promettre, Mes Frères, de posséder longtemps au milieu de vous celle que vous entouriez de votre amour et de votre vénération. La divine Providence ne l'a point permis. Cette fleur si belle, si pure, d'un éclat si vif, d'un parfum si suave, devait être tranchée prématurément ; avec tant de fraîcheur et d'espérances aux yeux du monde, Madame de la Ferrière était déjà mûre pour le Ciel ; sa vie était pleine aux yeux de Dieu.

(1) Madame de la Ferrière a légué la plus grande partie de sa fortune à la ville de Flers pour les œuvres de bienfaisance.

La pieuse Dame, depuis quelques mois, se sentait atteinte d'une affection profonde, qui épuisait peu à peu ses forces. Après avoir demandé inutilement quelqu'amélioration au repos et à la salubrité de sa chère campagne, elle dut, à l'approche de la saison rigoureuse, être conduite par son mari sous un ciel plus clément, dans une de ces villes du midi qui ont rendu la santé à tant de malades privés d'espérance. Vous la vîtes alors partir sans regret, Mes Frères, je dis plus, avec l'heureuse confiance qu'une séparation momentanée vous la rendrait pleine de vie et de force. Malheureusement, il n'en devait pas être ainsi : vous ne deviez revoir que le cercueil qui contient ses restes inanimés.

Madame de la Ferrière ne fut point surprise par la mort, quelque soudaine, quelque prématurée qu'elle lui ait apparu. Elle se préparait depuis longtemps à cette suprême épreuve par un redoublement de ferveur dans sa foi, de zèle et de dévoûment dans ses actes de charité. Chaque jour, elle se livrait à de longues et sérieuses lectures, dont sa première éducation lui avait donné l'habitude, puisant ainsi dans l'étude de nos grands écrivains catholiques, et surtout dans celle des Pères de l'Eglise, l'aliment substantiel dont se nourrissait sa piété.

La malade avait déjà reçu la sainte Communion avant son départ de Ronfeugeray. Arrivée à Paris, et sentant ses forces s'affaiblir plus rapidement, elle ne voulut point s'exposer aux dangers d'un lointain voyage, qui, du reste, semblait offrir la seule chance de rétablissement, avant d'avoir fortifié son âme par le Viatique de l'éternité. Elle demanda elle-même et reçut le sacrement d'Eucharistie et l'Extrême-Onction des mains du Père gardien des Capucins de Versailles. Durant son séjour à Montpellier, elle désira se couvrir de l'humble et sainte livrée des serviteurs de Marie, et un religieux de la maison des Carmes vint la revêtir du scapulaire de Saint-François. Vous le voyez, Mes Frères, notre pieuse malade hâtait ses préparatifs, elle mettait le comble à ses bonnes œuvres, à ses mérites ; car elle sentait que la fin de l'épreuve était proche et que le temps lui échappait rapidement.

Huit jours s'étaient à peine écoulés depuis l'arrivée de Madame de la Ferrière aux bains d'Amélie ; toutes les ressources de l'art n'avaient pu vaincre le mal ; les dernières espérances s'étaient évanouies. Le mardi 13 novembre, après une crise violente, la malade reçut de nouveau la sainte Communion, avec une ferveur, avec une douce joie, qui ramenèrent quelques heures de calme et un soulagement sensible. Mais la pieuse mourante ne se fit pas illusion ; convaincue que sa fin était prochaine, elle voulut s'y préparer en ne s'occupant plus désormais que de la pensée de Dieu et

du salut de son âme. Fortifiée par une dernière bénédiction du prê-
tre, elle attendit le moment suprême avec des sentiments de paix
et de résignation, avec une sérénité et comme un rayonnement
d'espérance dans tous ses traits, que nous ne pourrions exprimer.
On doit dire d'elle aussi qu'elle fut douce même envers la mort (1),
et que, comme la femme forte du Livre des Proverbes, elle accueillit
sa dernière heure le sourire sur les lèvres : *Ridebit in die novissimo*
(ch. 31). Tantôt, recueillie et conversant avec Dieu, elle priait son
mari de lui lire, pour accroître sa ferveur, quelques beaux pas-
sages du livre de l'*Imitation*, qu'elle lui désignait. Tantôt, émue
autant qu'attentive, elle écoutait sa pieuse mère, qui, debout près
de la couche funèbre, tenant à sa main un crucifix, exhortait sa
fille avec un courage que la foi seule pouvait inspirer. Tantôt,
approchant elle-même le crucifix de ses lèvres, elle prononçait
avec ravissement de ces paroles pénétrantes, mystérieuses, que
Dieu inspire quelquefois à ses grands serviteurs au moment de
la mort, et qui doivent être recueillies comme un solennel enseigne-
ment par ceux qui leur survivent : « Je ne savais pas, disait-elle à
son mari, ce que c'était la vie ; je ne savais pas ce que c'était que
la mort. Je suis tranquille, ajoutait-elle un peu plus tard ; depuis
deux nuits, j'ai entendu une voix qui m'a tout révélé ; je sais
maintenant ce que je ne savais pas, je comprends des choses que
je ne comprenais pas. »

Madame de la Ferrière conserva sa connaissance jusqu'à la fin.
Déjà la parole avait expiré sur ses lèvres et ses yeux mourants
cherchaient encore l'image du Christ, du Christ qu'elle avait
toujours tant aimé, et en qui elle mettait alors toute sa confiance.
Elle mourut le vendredi, à une heure du matin, et rendit son âme
à Dieu, comme elle avait vécu, avec calme, avec douceur, sans
aucun effort, entourée de tous ceux qu'elle avait particulièrement
aimés, et qui se pressaient en pleurant autour de la couche où
s'éteignait si prématurément tant de jeunesse, d'intelligence et
de vertus.

Mes Frères, à la vue du touchant spectacle que vous offre sur
son lit de mort la noble Dame que vous avez perdue, vous ne
pouvez pas, vous ne devez pas même défendre votre cœur d'un
profond sentiment de deuil et de regret. Mais la foi qui vous
anime ne peut pas rester insensible à cette touchante leçon, et
les paroles du prophète doivent s'échapper, comme malgré vous,
de vos lèvres émues : Oh ! que la mort des justes est belle et

____

(1) Bossuet : *Or. funèb. de Mme la duchesse d'Orléans.*

qu'elle est précieuse aux yeux de Dieu ! *Pretiosa in conspectu Domini mors sanctorum ejus* (1).

N'en demeurez pas là, Mes Frères ; apprenez de cette mort si chrétienne, si édifiante, à rendre votre vie sainte, pour mériter par elle une sainte mort, et laissez éclater au fond de votre cœur attendri ce vœu ardent d'un autre prophète : *Moriatur anima mea morte justorum, et fiant novissima mea horum similia* (2). Puissé-je mourir de la mort des justes ! puissé-je, à mon heure suprême, jouir des consolations qui adoucissent leurs derniers moments !

Pour vous rendre dignes de cette grâce, Mes Frères, n'oubliez jamais les graves enseignements que vous donna, en présence de la mort, notre pieuse défunte. Apprenez d'elle que les qualités les plus brillantes de l'esprit et du cœur, les charmes personnels les plus attrayants ne laissent à la dernière heure que d'amers regrets, quand ils n'ont pas été contenus et, pour ainsi dire, sanctifiés par l'esprit de foi et par la crainte de Dieu ; que les faveurs du monde, les distinctions, les titres, les richesses, ne sont alors qu'une cause d'inquiétudes, quand elles n'ont pas été employées chrétiennement ; en un mot, que le souvenir d'un verre d'eau froide donné à un pauvre au nom de Jésus-Christ fait naître plus de contentement dans l'âme du mourant que les actions les plus nobles et les plus éclatantes aux yeux des hommes.

Apprenez surtout, Mes Frères, du noble exemple qui est sous vos yeux, que même à la fleur de l'âge et avec une santé forte, vous ne devez pas compter sur l'avenir, toujours incertain ; mais vous tenir prêts sous la main de Dieu, afin de pouvoir répondre à son appel quand sa voix se fera entendre, et de vous trouver en sa présence dignes de la récompense immortelle qui vous est promise et que nous allons demander par de ferventes prières en faveur de notre pieuse défunte, que vous avez vue faire tant d'efforts pour la mériter.

(1) Ps. cxv, 15.
(2) Num., xxiii, 10.

†

Argentan, imprimerie de Barbier.